DER NEUE
KINDER
KOSMOS

Tiere am Teich

Eva-Maria Dreyer · Wolf U. Friedrich

Tiere am Teich

Franckh - Kosmos

4 Liebe Kinder,

als ich mit sechs Jahren einmal im Dorfteich Molche beobachtete, war ich so begeistert von diesen Tieren, daß ich kopfüber ins Wasser plumpste. Seitdem bin ich auch mit Teichwasser getauft, und seit dieser Zeit lassen mich die Tiere am Teich nicht mehr los. Da gibt es so viel zu entdecken: Im Wasser lebt eine Spinne, die Luftschlösser baut. Im Schilf wohnt ein Vogel, der seinen Kindern ein Pfahlnest webt und oft vom Kuckuck getäuscht wird. Über dem Teich schweben Libellen auf Flügeln wie aus Glas und fangen Mücken im schnellen Flug. Am Grunde des Teiches bauen Fischmännchen ein Nest und locken ihre Weibchen zum Eierlegen an. Wenn große Schwimmkäfer auf Jagd in die Tiefe gehen, nehmen sie wie ein Taucher ihre Luft auf dem Rücken mit. Und wenn der Haubentaucher seinem Weibchen gefallen will, schüttelt er heftig mit dem Kopf. Auch von den Pflanzen am Teich gibt es Spannendes zu erzählen. Der Wasserhahnenfuß kann mit seinen Blättern schwimmen, schweben und tauchen, und Seerosenblätter schwimmen mit Luftkammern wie eine Luftmatratze. Alle Pflanzen und Tiere des Teiches brauchen einander. Sie bilden eine typische Teichgemeinschaft. Keiner kann ohne die anderen leben.

Das alles und noch viel mehr könnt ihr in diesem Buch erfahren und in der Natur selbst beobachten und erleben.

Eine Bisamratte sammelt Material für ihren Bau.

Inhalt

Das Bläßhuhn versteckt
sein Nest im dichten
Pflanzengewirr.

Von den ersten
Sonnenstrahlen läßt sich
ein Wasserfrosch den
Rücken wärmen.

Register
Auf den Seiten 62 und 63
gibt es eine Liste von
wichtigen Namen und
Begriffen, die in diesem
Buch vorkommen. Sie
sind nach dem Alphabet
geordnet, damit du
ganz schnell und gezielt
die Buchseite finden
kannst, auf der mehr
darüber steht.

Kleines Lexikon
Auf den Seiten 60 und 61
gibt es ein kleines
Lexikon, das Wörter,
die in diesem Buch
vorkommen und die du
vielleicht noch nicht
kennst, erklärt.

Die meisten Tiere, die in
diesem Buch beschrieben
werden, sind sehr klein.
Damit du dir ihre Größe
besser vorstellen kannst,
haben wir hier ein Maß-
band abgebildet.

6 Direkt unter der Wasseroberfläche kauert die Larve des Gelbrandkäfers mit großen, spitzen Zangen am Mund. Sie greift alles an, was vorbeischwimmt. Kaulquappen, die sich in ihre Nähe wagen, sind am meisten gefährdet.

Frühling am Teich

Die Frühlingssonne lockt. Am Teich erwacht nach einem langen Winter das Leben. Stockenten balzen. Der Teichrohrsänger singt sein Lied. Molche schlängeln durchs seichte Wasser. Der Gelbrandkäfer arbeitet sich aus seinem winterlichen Schlammbett. Frösche sitzen im Ufergras und wärmen sich, bis ein Spaziergänger sie von ihrem Platz an der Sonne vertreibt. Dann flüchten sie ins kalte Wasser und sind im Nu mit einem kräftigen Paddelschlag ihrer Hinterbeine in der Tiefe verschwunden. Wenig später tauchen sie zwischen den Schwimmpflanzen wieder auf. Sie warten auf eine unvorsichtige Libelle.

Auf der Wasseroberfläche flitzen langbeinige, schlanke Insekten wie Schlittschuhläufer ruckartig über den Teich. Das sind hungrige Wasserläufer. Für diese leichten Tiere wirkt der Wasserspiegel wie eine Haut. Sie können über das Wasser laufen, ohne einzusinken. Ihre Füße drücken nur kleine Dellen in die Oberfläche.

Nicht ganz so leicht sind die schnellen Taumelkäfer. Sie liegen wie ein Kanu im Wasser und sausen ständig im Kreis herum. Eigentlich müßten sie besser Kreiselkäfer heißen. Diese Wasserkäfer haben etwas Bemerkenswertes: Ihre Augen sind zweigeteilt. Eine Hälfte späht in die Tiefe, die andere Hälfte schaut sich zur selben Zeit über dem Wasserspiegel um. So können Taumelkäfer sehen, ob sich auf dem Wasser oder unter Wasser etwas Eßbares nähert. Vor dem Frosch brauchen sie sich nicht zu fürchten. Er läßt sie in Ruhe, weil sie so eklig schmecken.

Ein anderer Teichbewohner lauert ganz unauffällig auf Beute: Es ist die kleine Listspinne. Sie plätschert mit den Beinen im Wasser und prüft so, ob jemand auf dem Teich herumtanzt. Vorsicht ihr Wasserläufer! Sie spürt jede Erschütterung.

Auch die Pflanzen am Teich haben eine erstaunliche Vielfalt entwickelt. Der Wasserhahnenfuß kann mit seinen Blättern schwimmen, tauchen und schweben. Schilfhalme vermehren sich unter Wasser. Sie treiben einfach neue Wurzeln. Die Tiere am Teich brauchen die Pflanzen: Auf dem Schilfhalm ruhen sich Fliegen und Libellen aus. Die Listspinne flüchtet sich ins Binsengewirr, und in einem Teppich aus Wasserhahnenfuß versteckt sich der Frosch.

8 Der Himmel schickt zwar noch ab und zu einen Schneeschauer, aber zwischen den dunklen Wolken lugt immer öfter die Sonne hervor. Es besteht kein Zweifel, der Frühling naht mit Riesenschritten.

Die Wärme der Sonnenstrahlen spürt auch der Teichmolch in seinem Versteck. Er hat unter einem alten Baumstumpf den Winter verschlafen. Noch ganz steif macht er sich auf den Weg zu dem Teich, in dem er groß geworden ist. Er möchte sich dort ein Weibchen suchen.

Der Teichmolch

Lebensraum:	zur Laichzeit pflanzenreiche Teiche, sonst Hecken und Erdhöhlen
Größe:	ungefähr 11 cm, Männchen etwas kleiner als die Weibchen
Nahrung:	Würmer und Schnecken
Lebenszeit:	5–10 Jahre
Feinde:	Hecht, Graureiher, Larven von Wasserinsekten
Besondere Merkmale:	erwachsene Tiere leben an Land, Larven entwickeln sich im Wasser
Typisches Verhalten:	schwimmen ab März ruhig schlängelnd im seichten Wasser

Unterwegs begegnet das Teichmolch-männchen vielen seiner Artgenossen. Alle sind noch so unscheinbar braun wie er. Aber das wird sich bald ändern. Im Wasser färbt sich ihr Rücken gelbgrün, ihr Bauch orangerot, und sie bekommen am ganzen Körper kleine dunkle Flecken. Das ist ihr Paarungskleid. So bunt gefärbt tanzen sie durchs kalte Wasser und umwerben ein Weibchen. Aber vorher müssen sie sich erst einmal satt essen. Schließlich haben sie während der Winterruhe beinahe ein halbes Jahr lang gefastet.

Das Teichmolch-männchen hat zur Paarungszeit einen wellenförmigen Kamm auf dem Rücken und Schwimmhäute zwischen den Zehen der Hinterfüße. Ungefähr 200 Eier wickelt das Teichmolchweibchen einzeln in Blätter von Wasserpflanzen. Jedes Blatt wird über dem Ei sorgfältig mit den Hinterfüßen zusammengerollt.

Wußtest du,

daß Molche hauptsächlich
durch die Haut atmen?

Nach der Eiablage
verlassen die
erwachsenen
Teichmolche das Wasser.
Sie ziehen sich unter
Steine, Baumwurzeln oder
Moos zurück.
Aus den Eiern schlüpfen
nach zwei Wochen kleine
Molchlarven. Sie bleiben
im Teich und werden
ohne ihre Eltern groß. Bis
zum September sind sie
auf eine Größe von drei
bis vier Zentimetern
herangewachsen.

Im Schilfwald

Schilfhalme wiegen sich und rauschen leise im milden Wind. Die hohen, grazilen Halme sind ein Wunder an Festigkeit, und sie beherbergen reiches Leben. Allein 24 verschiedene Insektenarten wohnen in den hohlen Stengeln. Daneben unzählige Spinnen. Ein anderer Untermieter im Schilfrohr verrät sich durch ein kreisrundes Loch am Halm: Es ist die Raupe der Schilfeule, eines Nachtschmetterlings.

Im Schilfwald werden viele Vögel satt. Vielleicht hast du schon Blaumeisen beobachtet, wenn sie mit ihren Pinzettenschnäbeln die Halme aufhacken und Insekten herauspicken.

Im Sommer brüten viele Vögel im Schutz der hohen Halme. Auch die seltene Rohrdommel zieht hier ganz im Verborgenen ihre Kinder groß. Sie ist der größte Heimlichtuer im Schilf. Ihr dumpfes »Wumb, Wumb« hast du bestimmt schon gehört. Gesehen hast du sie sicher noch nicht. Die Rohrdommel ist eine Meisterin der Tarnung. Sie stellt sich aufrecht zwischen Schilfhalme, streckt Körper, Kopf und Schnabel senkrecht nach oben und erstarrt. Manchmal wiegt sie sogar ihren Körper mit den Schilfhalmen im Wind, um nicht aufzufallen.

Die Schwertlilien locken mit ihrem leuchtenden Gelb Blütenbesucher an. Aber nur Insekten mit einem langen Rüssel kommen an die Nektarvorräte tief in der Blüte heran.

Im Durcheinander der Pflanzenstengel leben viele Tiere. Rohrsänger suchen an den Halmen nach Insekten. Die kleine Bernsteinschnecke schabt Blätter ab. Laubheuschrecken musizieren. Frischgeschlüpfte Stechmücken sirren durch die Luft. Waffenfliegen suchen nach Nektarquellen.

11

Ein Kuckuck macht sich keine Mühe mit dem Brüten und Füttern. Er verteilt seine Eier in fremde Nester. Besonders gerne läßt er die kleinen Teichrohrsänger für sich arbeiten.

Über dem Teich dämmert ein neuer Morgen. Lange bevor die Sonne aufgeht und das Wasser in glitzerndes Licht taucht, ist der Teichrohrsänger aufgewacht. Er wiegt sich an einem Schilfhalm im Wind und begrüßt den neuen Tag mit lautem Gesang. Andere Männchen in der Nachbarschaft antworten ihm, und bald ist ein vielstimmiges Konzert zu hören.

Man sagt oft, daß der Teichrohrsänger schimpft wie ein Rohrspatz, weil er besonders laut singt. Der kleine Vogel muß sein Lied aber so hinausschmettern. Er wird sonst im dichten Schilfwald nicht gehört.

Mit seinem Gesang verteidigt er sein Revier. Hier bin ich der Herr, heißt sein Lied. Ich dulde kein anderes Männchen in meinem Gebiet. Sein Gesang bedeutet aber auch: Ich suche ein Weibchen. Wer möchte mit mir eine Familie gründen?

Während des Brütens läßt sich der Teichrohrsänger nicht gerne stören. Wenn du jetzt in seine Nähe kommst, hörst du ihn laut schnarren. Es klingt ähnlich wie »Brrr«. Der Teichrohrsänger warnt so sein Weibchen vor dir, wie vor jedem anderen Eindringling. Gehst du weiter, beruhigt er sich wieder. Solltest du bei deinem Teichspaziergang längere Zeit am Schilf stehenbleiben, würden beide ihr Nest verlassen.

Das Weibchen des Teichrohrsängers legt im Mai vier bis fünf Eier. Selten ist es eines mehr oder weniger. Die Eier sind weiß gefärbt und haben viele olivbraune Flecken. Bis das erste Vogelküken schlüpft, dauert es elf bis zwölf Tage.

Das ist sehr gefährlich für den Teichrohrsängernachwuchs: Die Eier würden auskühlen und die Jungen darin sterben. Wo ein Rohrsänger schnarrt, darf man sich nicht lange aufhalten.

Der Teichrohrsänger

Lebensraum: Schilfgürtel von Seen und Teichen

Größe: ungefähr 13 cm

Nahrung: Spinnen und Insekten

Lebenszeit: etwa 2 Jahre

Feinde: Rohrweihe, Sperber, Rabenkrähe, Eichelhäher

Besondere Merkmale: klettert geschickt an Schilfhalmen auf und ab

Typisches Verhalten: Teichrohrsänger sitzen beim Singen oben an den Spitzen der Schilfhalme.

Teichrohrsängereltern sind unermüdlich. Rund um die Uhr suchen sie Insekten für ihren Nachwuchs. Man hat beobachtet, daß sie bis zu 40mal in der Stunde mit Futter im Schnabel zum Nest zurückkehren.

Wußtest du,

daß Teichrohrsänger den Gesang anderer Vögel nachahmen? Besonders häufig hört man von ihnen das Zetern der Blaumeisen, die Alarmrufe der Rauchschwalben oder den Reviergesang der Bachstelzen.

Junge Teichrohrsänger sind kleine Nimmersatte. Sie betteln ständig mit weit aufgesperrten Schnäbeln um Futter.

14 Das Nest
der Beutelmeise
hängt an einem
Birkenzweig hoch über
dem Wasser (rechts).
Der Teichrohrsänger baut
sein typisches Pfahlnest
im Schilf (unten).

Eine Bisamratte sammelt
Baumaterial.

Nester und Burgen

Vögel sind wahre Baumeister. Sie flechten kunstvolle Nester aus Zweigen, Gras oder Wurzeln und polstern sie mit Moos, Haaren und Federn aus. Jede Vogelart baut ein besonderes Nest.

Teichrohrsänger binden fünf Schilfstengel mit Grashalmen zusammen und umweben sie mit Blättern solange, bis ein Nest mit einer tiefen Mulde entstanden ist. Ein solches Pfahlnest kann bei Wind jede Bewegung der Schilfhalme mitmachen, ohne daß die Eier oder die Vogelkinder herausfallen. Haubentaucher bauen ein Schwimmnest im Schilf.

Bläßhühner schichten eine Nestplattform auf. Königin der Nestbauer aber ist die seltene Beutelmeise: Sie webt einen kunstvollen Filzbeutel mit seitlichem Eingang. Vier Wochen arbeitet sie daran.

Die meisten Leute glauben, das Nest sei die Wohnung der Vögel. Das stimmt aber nicht. Vögel brauchen ihre Nester nur ein paar Wochen im Jahr: zum Brüten und manchmal als Wiege für ihre Kinder. Der Teichrohrsänger brütet elf bis zwölf Tage. Dann schlüpfen seine Kinder aus dem Ei. Zwei Wochen werden sie im Nest gewärmt und gefüttert. Dann verlassen sie ihre Kinderstube und kehren nicht mehr zurück. Sie sind jetzt groß und versorgen sich selbst. Enten und Taucher brauchen ihr Nest überhaupt nur zum Wärmen der Eier. Sie führen ihre Kinder gleich nach dem Schlüpfen aufs Wasser.

Auch manche Fische geben sich große Mühe mit dem Bau einer Kinderstube. Ein solcher Fisch ist der Stichling. Er lebt im Teich. Bei Stichlingen ist es üblich, daß die Männchen die Nester bauen. Die Weibchen kommen nur kurz zum Eierlegen vorbei. Dann werden sie wieder verjagt. Auch die Sorge um den Nachwuchs ist bei Stichlingen Männersache.

Bisamratten bauen große Burgen aus Gräsern und Schilf. Sie legen eine Wohnkammer und eine Vorratskammer an. Den Eingang zu ihrer Wohnburg verstecken sie unter Wasser. So halten sie sich ihre Feinde vom Leib.

Das Bläßhuhn versteckt sein Nest im dichten Pflanzengewirr und benutzt es nur zum Ausbrüten der Eier. Nach dem Schlüpfen schwimmen die Küken mit auf den Teich hinaus.

Männchen und Weibchen des Gelbrandkäfers kann man gut unterscheiden. Die Flügeldecken des Männchens sind glatt, dunkelgrün und leicht glänzend. Das Weibchen hat braune, gefurchte, fast stumpfe Flügeldecken. Beide sind typische Wasserkäfer. Ihr Körper ist leicht abgeflacht, ihre Hinterbeine sind behaart. Sie schwimmen gut und kommen im Wasser erstaunlich schnell vorwärts.

Das Männchen des Gelbrandkäfers hat an den Vorderbeinen je einen großen, einen mittelgroßen und sehr viele winzig kleine Saugnäpfe.

Zur Paarung klettert es auf den Rücken seines Weibchens und hält sich dort mit diesen vielen Saugnäpfen fest. Oft läßt es sich tagelang herumtragen.

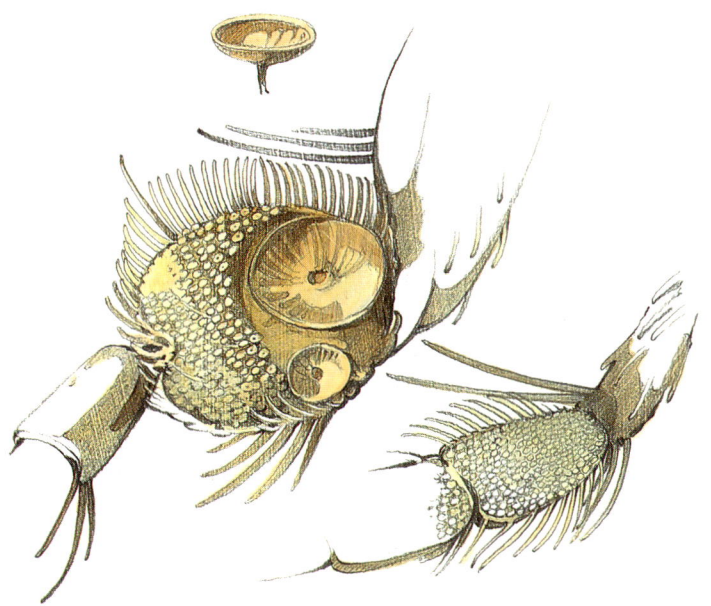

Langsam erwärmt die Frühlingssonne den Teich. Der Gelbrandkäfer wacht auf. Er hat den Winter in einem leeren Schneckenhaus im Bodenschlamm verschlafen. Träge kriecht er aus seinem Versteck. Nach dieser langen Ruhepause hat er Riesenhunger. Keine Molchlarve, keine Kaulquappe ist nun vor ihm sicher. Selbst Fische, die größer sind als er, greift dieser gefräßige Räuber an.

Schon bald bohren die Weibchen ihre Eier in Blätter und Stengel von Wasserpflanzen. Wenige Tage später schlüpfen daraus schlanke Larven. Auch sie sind ständig hungrig und überfallen alles, was sich im Teich bewegt. Sie packen ihre Beutetiere mit zwei kräftigen Zangen am Mund und spritzen Verdauungssaft in deren Körper. Dadurch werden die Organe ihrer Opfer in einen flüssigen Brei verwandelt. Den schlürfen sie auf. Zurück bleibt nur eine leere Hülle. Aber dann, am Ende des Sommers, haben die Larven erst einmal genug von Kaulquappen, Wasserinsekten und kleinen Fischen. Sie krabbeln an Land und graben sich eine Erdhöhle am Ufer. Dort verpuppen sie sich. Nach zwei bis drei Wochen Puppenruhe schlüpft der Gelbrandkäfer und kehrt ins Wasser zurück.

Der Gelbrandkäfer

Lebensraum:	pflanzenreiche, tiefe Teiche
Größe:	35 mm
Nahrung:	Molch- und Froschlarven, Wasserinsekten, kleine Fische
Lebenszeit:	2 bis 3 Jahre
Feinde:	Fische, Wasservögel
Besondere Merkmale:	Halsschild und Flügel werden von einem breiten gelben Streifen umrahmt
Typisches Verhalten:	schwimmt bei Störung sofort in die Tiefe

Gelbrandkäfer müssen zum Atmen ihren Hinterleib aus dem Wasser strecken. Sie nehmen sich unter den Flügeln einen Luftvorrat mit in die Tiefe. Ist dieser kleine Vorrat aufgebraucht, müssen sie wieder zum Lufttanken an die Wasseroberfläche.

Wenn ihr euch auf leisen Sohlen einem Teich nähert, könnt ihr mit etwas Glück diesen schönen Schwimmkäfer beobachten. Er hängt meist kopfabwärts an der Wasseroberfläche und tankt Luft.

Wußtest du,

daß eine einzige Gelbrandkäferlarve während ihrer Entwicklung bis zu 900 Kaulquappen frißt?

Diese Gelbrandkäferlarve packt sich gerade einen kleinen Fisch.

18 Frösche haben lange, kräftige Hinterbeine. Damit können sie weit springen und blitzschnell vor ihren Feinden fliehen.

Mit ihren Vorderbeinen federn sie sich geschickt beim Aufprall auf dem Boden ab.

»Quak«, klingt es laut über den Teich. Und noch einmal »quak, quak«. Ein Frosch steckt im dichten Pflanzengewirr seinen Kopf aus dem Wasser und ruft. Er will ein Weibchen anlocken. Sein lautstarker Gesang ertönt oft nächtelang.

Das Gequake ist wirklich nicht zu überhören, denn der Wasserfrosch besitzt eine Art Lautsprecher. Zwei große Blasen auf beiden Seiten des Kopfes sind seine Schallblasen. Beim Quaken bläst er sie auf wie Luftballons. Damit verstärkt er seine Stimme.

Es ist bereits Mai. Die Eipakete anderer Frösche schwimmen längst im Wasser. Aber der Wasserfrosch erwacht erst aus der Winterstarre. Die Weibchen beginnen erst jetzt zu laichen. Mehrere hundert, manchmal bis zu tausend Eier, sinken als dicke, glitschige Klumpen auf den Teichboden. Der Wasserfrosch beginnt sein Leben im Teich als Ei. Aus dem Froschei entwickelt sich nach einer Woche eine kleine schwarze Babykaulquappe. Sie besitzt um ihre Mundöffnung herum eine Reihe von Hornstiftchen.

Nach drei Monaten ist aus der Kaulquappe ein kleiner Frosch mit Schwanz geworden. Der Schwanz schrumpft langsam und verschwindet schließlich ganz. Der kleine Frosch ist jetzt gerade 1 bis 2 Zentimeter groß und lebt nicht mehr ausschließlich im Wasser. Auch am Ufer hüpft er herum.

Der Wasserfrosch

Lebensraum:	Teiche mit vielen Wasserpflanzen
Größe:	7–10 cm
Nahrung:	Insekten, Würmer und Schnecken
Lebenszeit:	ungefähr 10 Jahre
Feinde:	Wasserspitzmaus, Ringelnatter, Rohrweihe
Besondere Merkmale:	tagaktiv, sonnt sich oft am Ufer
Typisches Verhalten:	liegt regungslos im Gewirr von Schwimmpflanzen auf der Lauer

Wußtest du,

daß der Wasserfrosch eine klebrige Zunge hat, die er weit aus dem Maul herausschleudern kann? Damit fängt er Fliegen, Mücken und andere Insekten.

Wenn die Kaulquappe hungrig ist, raspelt sie damit Algen von Blättern ab. Mit sieben bis acht Wochen bekommt sie Beine. Erst entwickeln sich ihre Hinterbeine, im Alter von zehn Wochen auch die Vorderbeine.

Von den jungen Kaulquappen erleben nur wenige ihre Verwandlung zum Frosch. Sie haben zu viele hungrige Feinde im Teich. Und sie haben keine Eltern, die sie beschützen. Kaulquappen müssen alleine groß werden.

Der Wasserfrosch hat große hervorstehende Augen. Damit kann er, ohne seinen Kopf zu bewegen, Beutetiere schnell erkennen. Ihm entgeht kein kleiner Wurm auf den Blättern des Wasserknöterich.

Leben im Schlamm

Überall, wo Lebewesen wohnen, entsteht Abfall. Auch in einem Teich sammelt sich viel an: vertrocknete Halme, leere Muschelschalen und leere Schneckenhäuser, ein toter Fisch, dazu der Kot von Schwänen und Enten. Diese Reste sinken zu Boden und bilden den Schlamm.

Ganz tief unten im Schlamm, am Grund des Teiches, wo kaum Licht hinkommt, leben die wichtigsten Teichbewohner: Muscheln, Schnecken, Würmer, Asseln und verschiedene Insektenlarven. Sie arbeiten als die Müllabfuhr des Teiches.

Natürlich schleppen die Tiere hier unten all diese Abfallstoffe nicht aus dem Teich heraus. Sie machen es viel besser: Sie verwerten alles wieder. Wie sie das schaffen? Diese Tiere arbeiten wie eine Mühle mit vielen Mahlsteinen. Wasserasseln und die Larven der Köcherfliegen zerkleinern beim Fressen abgestorbene Pflanzenstücke. Schlammröhrenwürmer fressen Tausende von kleinsten Teilchen und zermahlen sie so noch feiner. Unverdauliche Reste scheiden sie wieder aus. Die Teichmuschel filtert alles für sie noch Verwertbare aus dem Wasser und lebt von diesen Nährstoffen.

Aber sogar alle diese Tiere zusammen schaffen den riesigen Müllberg nicht allein. Im Schlamm leben deshalb noch viele unsichtbare Helfer: die Bakterien. Sie sind zu klein für unser Auge, nur unter dem Mikroskop kann man sie sehen. In einem Fingerhut voll Schlamm wohnen viele Millionen solcher Bakterien. Sie spalten den Schlamm in Nährstoffe für die Pflanzenwurzeln auf. Mit den Nährstoffen kann das Schilf wachsen, und die Seerosen können blühen. Und das ist wichtig, denn schließlich erzeugen die Pflanzen den Sauerstoff, den alle Wasserbewohner zum Leben brauchen.

Schlammröhrenwürmer stecken mit dem Vorderende tief in ihren Wohnröhren im Schlamm. Nur ihr Hinterende schaut heraus.

Die größte Schnecke im Teich ist die Spitzschlammschnecke. Sie weidet mit ihrer Raspelzunge Algen von Pflanzenstengeln ab und hält so die Unterwasserwelt sauber.

Den Rückenschwimmer erkennst du an seiner typischen Haltung im Wasser. Er schwimmt mit dem Bauch nach oben und streckt immer sein hinteres Beinpaar weit von sich.

Die Libellenlarve schnellt gierig ihre Fangmaske vor. Gleich wird sie den Schlammröhrenwurm greifen und fressen.

Die Larven der Teichmuschel werden mit dem Atemwasser ausgestoßen und sinken zu Boden. Nur an einem Fisch können sie sich zur Muschel weiterentwickeln.

Die Teichmuschel

Lebensraum:	Teiche mit schlammigem Grund
Größe:	etwa 20 cm
Nahrung:	winzig kleine Pflanzen und Tiere, die im Wasser schweben
Lebenszeit:	über 20 Jahre
Feinde:	viele Wasservögel
Besondere Merkmale:	ihre Schale besteht aus zwei Hälften, die durch einen Muskel fest zusammengehalten werden
Typisches Verhalten:	Graben sich im Schlamm ein und durchpflügen mit ihrem Fuß den Teichboden, bei klarem Wasser kann man ihre langen Furchenstraßen am Grund gut erkennen.

Diese Larven hatten Glück. Sie konnten sich an der Schwanzflosse eines Fisches verankern. In den nächsten drei Monaten ernähren sie sich vom Blut ihres Wirtes. Dem Fisch schaden sie damit nicht.

Zwischen Steinen, Sand und abgestorbenen Pflanzenresten am Boden eines Teiches leben viele Tiere. Libellenlarven lauern auf Beute. Die Larven der Köcherfliegen durchstöbern den Schlamm nach Nahrung. Röhrenwürmer pendeln ständig mit ihrem Hinterende, um sauerstoffreiches Wasser herbeizustrudeln.

Hier unten im Halbdunkel lebt auch die Teichmuschel. Sie schützt ihren weichen Körper mit einer festen Kalkschale. Diese Schale besteht wie der Einband eines Buches aus zwei Hälften. Ein starker Muskel hält die beiden Hälften fest zusammen. Die Teichmuschel steckt mit dem Vorderende ihres Körpers tief im Schlamm. Mit ihrem Hinterende filtert sie das Wasser. Dafür besitzt sie zwei röhrenförmige Öffnungen. Durch die eine strudelt sie trübes Wasser ein, durch die andere fließt das gefilterte Wasser wieder nach draußen. Der feine Wasserstrom durch ihren Körper versorgt die Teichmuschel mit Sauerstoff zum Atmen und mit einer Vielzahl feinster Nahrungsteilchen. Das sind winzige Pflanzen und Tiere, die im Wasser schweben.

Mit diesem Wasserstrom werden aber auch die Samenzellen des Teichmuschelmännchens transportiert. Das Männchen stößt sie aus, und das Weibchen strudelt sie in seinen Körper ein. Dort werden die Eier befruchtet. Aus den befruchteten Eiern entwickeln sich kleine Larven, man nennt sie Glochidien. Sie werden mit dem Atemwasser ausgestoßen und schwimmen im Teich, immer auf der Suche nach einem Fisch. Nur wenn sie einen Fisch finden, an dem sie sich mit ihren Greifzähnen festklammern können, entwickeln sie sich zu jungen Muscheln. Glochidien, die das nicht schaffen, müssen zugrunde gehen. Haben sie aber Glück und können sich an einem Fisch verankern, leben sie in den nächsten drei Monaten vom Blut ihres unfreiwilligen Gastgebers. Dann ist ihre Entwicklung zur Muschel abgeschlossen, der Fisch wird nicht mehr gebraucht. Sie lösen die Verankerung, sinken zu Boden, graben sich im Schlamm ein und leben geruhsam weiter.

Wußtest du,
daß Muscheln das Wasser filtern und damit unsere Teiche sauberhalten? In einer Stunde reinigt eine Muschel vierzig Liter Teichwasser.

Die Larve der Teichmuschel: Bewaffnet mit kleinen Greifzähnen an den Schalenrändern und einem langen Klebefaden als Treibanker ist sie auf der Suche nach einem Fisch.

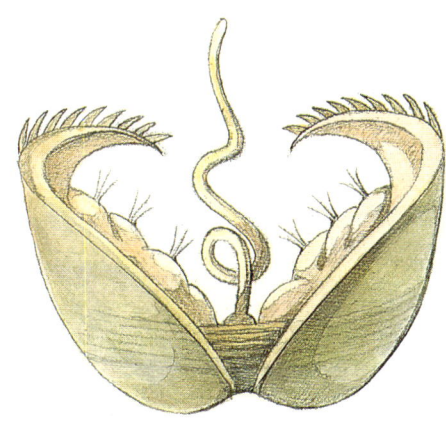

In jedem Jahr wächst die Muschelschale ein Stück. Wenn du eine Muschel in die Hand nimmst, fühlst du viele feine Rillen. Jede Rille bedeutet ein Jahr Wachstum.

Tief Luft holen

Wer im Wasser leben will und nicht wie ein Fisch Kiemen zum Atmen unter Wasser besitzt, bekommt bald Atemnot und muß auftauchen. Wer aber ständig auftauchen muß, um Luft zu schnappen, kann nicht einer Beute hinterherschwimmen.

Viele Tiere ohne Kiemen sind ins Wasser gegangen, um dort zu wohnen. Sie konnten sich so neue Nahrungsquellen erschließen. Aber wie haben sie das Problem mit der Luft gelöst?

Der Gelbrandkäfer schwimmt mit einem Vorrat an Frischluft unter den Flügeln. Wenn er nicht kräftig mit den Beinen strampelt, treibt er wie ein Korken an die Wasseroberfläche.

Viele Insekten und manche Schnecken machen es wie Froschmänner: Sie nehmen sich einen Luftvorrat mit in die Tiefe. Ab und zu müssen sie auftauchen und ihn erneuern. Der Gelbrandkäfer schöpft mit den Hinterenden der Flügel Luft. Der Rückenschwimmer hängt bäuchlings unter der Wasseroberfläche. Er sammelt feine Luftbläschen zwischen den Haaren am Bauch und nimmt sie mit unter Wasser.

Der Wasserskorpion verschafft sich auf andere Weise Frischluft: Er besitzt ein langes, starres Atemrohr am Hinterleib. Das steckt er wie einen Schnorchel aus dem Wasser und holt sich so den notwendigen Sauerstoff. Die Larven der Wasserskorpione haben ein kurzes Atemrohr, das erst allmählich wächst. Die Larve einer Schwebfliege hat sogar ein Atemrohr, das sie je nach Wassertiefe ausziehen und zusammenschieben kann. Besonders geschickt atmen die Larven des Schilfkäfers: Sie zapfen unter Wasser die Wurzeln von Wasserpflanzen an und holen sich da die Luft. Den Pflanzen schadet das nicht.

Ein Wasserskorpion holt Luft. Dazu streckt er ein langes Atemrohr am Hinterleib wie einen Schnorchel aus dem Wasser.

Die beiden dünnen
Fühler sind die
Geschwindigkeitsmesser
der Libelle. Wenn der
Flugwind sie biegt, weiß
sie, wie schnell sie fliegt.

Libellen besitzen zwei
riesige Kugelaugen,
die aus vielen Einzelaugen
zusammengesetzt sind.
Wie mit einer
»Superbrille« erkennen
sie damit blitzschnell
fliegende Beutetiere.
Zwischen den beiden
Kugelaugen kannst du
drei kleine Punktaugen
erkennen. Damit
unterscheiden Libellen
hell und dunkel.

Wußtest du,
daß Libellen über 30000
einzelne Augen haben?

Die Libelle

(viele Arten am Teich)

Lebensraum: Teiche und langsam fließende Bäche

Größe: nach Art zwischen 4 und 12 cm

Nahrung: Fliegen, Mücken, Schnaken

Lebenszeit: ungefähr zwei Monate

Feinde: Frösche, Spinnen, Vögel

Besondere Merkmale: große Flugkünstler, können wie lautlose Hubschrauber auf der Stelle schweben

Typisches Verhalten: fliegen mittags dicht über dem Wasser kleine Schleifen

Die Geburt einer Plattbauchlibelle:

Die Larvenhaut platzt am Rücken auf. Augen, Kopf und eine grün gefärbte Brust schieben sich heraus.

Der schwere Vorderkörper kippt nach hinten über. Die Libelle hängt solange kopfabwärts, bis die weichen Beine an der Luft getrocknet sind.

Scheinbar schwerelos schwebt ein kleines Insekt über die Seerosen am Teichufer. Es landet auf einer Blüte, startet wieder, bleibt kurz in der Luft stehen und ist im nächsten Augenblick verschwunden. Dieser elegante Flieger ist eine Hufeisenazurjungfer. Libellen beherrschen die erstaunlichsten Flugmanöver, weil sie ihre vier Flügel unabhängig voneinander bewegen können. Als geschickte Jäger fangen sie ihre Beute im Flug. Ihre dornenbewehrten Beine halten sie beim Fliegen nach vorne. Als wollten sie einen Ball auffangen. So greifen sie Mücken und andere Insekten wie mit einem Fangkorb aus der Luft. Selbst als Paarungsrad, wie auf der Zeichnung, können Libellen fliegen und vor gierigen Froschzungen flüchten. Das ist gar nicht selbstverständlich.

Dann richtet sie sich auf und umklammert mit den Vorderbeinen den Schilfstengel. Jetzt kann sie ihren Hinterleib aus dem engen Larvenköcher ziehen.

Die Libelle entfaltet ihre Flügel.

Hufeisenazurjungfern stechen ihre Eier in die Stengel von Schwimmpflanzen. Die Männchen sind bei der Eiablage immer dabei. Wie Wachtürme stehen sie auf ihren Weibchen.

Die ersten Sonnenstrahlen trocknen den Körper. Die alte Larvenhaut wird nicht mehr gebraucht. Sie verweht der Wind.

Stechmückenlarven
haben einen
raupenähnlichen Körper
mit einem kleinen Wulst
vor dem Kopf. Sie hängen
die meiste Zeit ihres
kurzen Lebens mit dem
Kopf nach unten an der
Wasseroberfläche. Sie
atmen durch eine Öffnung
am Hinterleib.

Die kleine Wasserspinne
spinnt ein Netz im
Pflanzendickicht unter
Wasser. Das füllt sie dann
mühsam mit Luft.
Unermüdlich steigt sie
nach oben zur
Wasseroberfläche, fängt
winzige Luftblasen ein
und läßt sie unter dem
Netz wieder frei.

Atmen unter Wasser

Im dichten Gewirr der Schwimmpflanzen zieht eine Spinne unter Wasser ihre seidigen Fäden. Eine Spinne unter Wasser? Die einzige, der so etwas gelingt, ist die Wasserspinne. Emsig wandert sie von Pflanzenstengel zu Pflanzenstengel, bis ein dichtes Netz aus Spinnfäden entstanden ist. Will sie damit etwa Fische fangen? Nein, aber sie braucht unter Wasser Luft zum Atmen. Weil Luftblasen immer nach oben steigen, sperrt die listige Spinne sie unter ihrem Netz ein. Aber wie fängt eine Spinne Luftblasen?

Das kleine Tier – gerade so groß wie ein Pfennig – streckt seine Hinterleibsspitze aus dem Wasser und kreuzt blitzschnell seine behaarten Hinterbeine über der Wasserhaut. Schon hat es eine Luftblase gefangen und zieht sie zu sich in die Tiefe. Luftblase um Luftblase trägt die Spinne nach unten und läßt sie unter den Seidenfäden los. Bis aus ihrem Netz eine stattliche Taucherglocke geworden ist, dauert es lange. Aber irgendwann hat sie es geschafft: Ihr luftgefülltes Zuhause ist fertig.

In dieser Luftglocke lebt die Spinne, und von hier aus geht sie auf Beutezüge. Hier zieht sie ihre Kinder groß, und hier verbringt sie auch den Winter. Wenn sie die Luft allmählich verbraucht hat und ihr Luftschloß schrumpft, muß sie von vorne beginnen. Dann klettert sie eben wieder nach oben und beginnt erneut, Luft einzufangen. Leider ist es nicht ganz ungefährlich, die Wasserspinne mit ihrem Luftschloß aus der Nähe zu beobachten. Sie hat als einzige der heimischen Arten einen giftigen Biß.

Frisch geschlüpfte Kaulquappen atmen durch Kiemen, ähnlich wie Fische. Nach und nach bilden sich diese Kiemen zurück. Die jungen Frösche atmen durch Lungen und durch die Haut.

Libellen verbringen ihren ersten Lebensabschnitt im Teich. Die Larven von Kleinlibellen atmen im Wasser mit drei blattähnlichen Kiemen am Ende ihres Hinterleibes.

Manchmal stellt sich die Ringelnatter tot, wenn sie sich bedroht fühlt. Sie legt sich dann mit weit geöffnetem Maul und heraushängender Zunge auf die Seite.

Die Ringelnatter

Lebensraum:	Teiche und langsam fließende Bäche
Größe:	Weibchen werden 1,5 m, Männchen nur 1 m lang
Nahrung:	Frösche, Molche, kleine Fische
Lebenszeit:	bis zu 25 Jahre
Feinde:	Dachs, Igel
Besondere Merkmale:	zwei schwarz umrandete, gelbe halbmondförmige Flecken hinter dem Kopf
Typisches Verhalten:	sonnt sich gerne im Uferbereich

Wußtest du,

daß Ringelnattern die Zunge herausstrecken können, ohne ihr Maul zu öffnen? Das nennt man züngeln.

Schlangen tragen ein Schuppenkleid aus vielen kleinen Hornplättchen. Dieses Schuppenkleid sieht aus wie das Kettenhemd eines Ritters aus dem Mittelalter. Die einzelnen Schlangenarten kann man gut an ihrer Farbe und der Zeichnung auf ihrer Haut erkennen. Wenn Ringelnattern größer werden, wächst ihre Haut nicht mit. Jede Ringelnatter muß sich deshalb mehrmals im Jahr häuten: Sie streift ihre tote Außenhaut ab, weil sie ihr zu eng geworden ist. Diese abgestreifte Haut nennen wir »Natternhemd«. Leere Häute findet man bei Teichspaziergängen häufiger als die Schlange selbst. Wie zufällig verloren liegen sie oft am Teichufer.

Fürchtest du dich vor Schlangen? Keine Sorge, die Ringelnatter ist völlig harmlos und ungefährlich. Sie hat keine Giftzähne wie die Kreuzottern. Sie umschlingt ihre Opfer auch nicht und quetscht sie zu Tode wie viele tropische Schlangen. Wenn du ihr zu nahe kommst, richtet sie höchstens ihren Oberkörper auf und zischt aufgeregt. Manchmal sondert sie auch eine entsetzlich stinkende Flüssigkeit ab. Wer damit in Berührung kommt, riecht tagelang. Er kann sich noch so oft waschen, diesen unangenehmen Geruch wird er einfach nicht los. Aber es passiert selten, daß die Ringelnatter einen Menschen angreift. Meistens flüchtet sie vor ihm in den nächsten Teich.

Die Ringelnatter liebt das Wasser. Sie schwimmt elegant und taucht ausgezeichnet. Meist geht sie in den frühen Morgenstunden auf die Jagd. Molche und Frösche würgt sie lebendig und als Ganzes hinunter. Mit einem großen Frosch ist sie oft eine halbe Stunde und länger beschäftigt. Aber das sättigt sie auch für mehrere Tage. Nach einem erfolgreichen Beutezug sonnt sie sich gerne auf Steinen am Ufer. Dann siehst du auch ihr Erkennungszeichen, zwei gelbe, halbmondförmige Flecken hinter dem Kopf. Im Oktober wird es der Ringelnatter am Teich allmählich zu kalt. Sie sucht sich

Die Ringelnatter ist sehr scheu. Nur manchmal können wir sie am Ufer beobachten, wenn sie im Gras liegt und sich sonnt. Dann müssen wir uns aber leise und auf Zehenspitzen anschleichen. Sobald sie uns bemerkt, verschwindet sie lautlos im Teich.

ein geschütztes Plätzchen unter Baumwurzeln oder Steinhaufen und wird bis zum nächsten Frühling nicht mehr gesehen. Gut sechs Monate dauert ihre Winterstarre. Aber danach nimmt sie wieder ausgiebige Sonnenbäder.

Trotz ihrer großen Augen sieht die Ringelnatter nicht gut. Wenn sie hungrig ist, streckt sie ihre lange gegabelte Zunge aus dem Maul. So kann sie Duftspuren lesen und findet so ihre Beutetiere. Man könnte sagen, die Ringelnatter riecht mit der Zunge.

Tümpeln am Teich

Ein warmer Julimorgen. Heute wollen wir zum Teich laufen und Stichling und Moderlieschen einen Besuch machen. Wie sie und all die anderen Tiere im Wasser wohl aus nächster Nähe aussehen? Um das herauszufinden, müssen wir sie für kurze Zeit einfangen und umsiedeln. Denn im Teich können wir ihren Körperbau, ihre Bewegungen und ihr Verhalten nicht beobachten.

Zum Tümpeln braucht man nicht viel: einen Käscher mit langem Stiel. Den kannst du dir aus Gardinenstoff, festem Draht und einem Besenstiel selbst basteln. Zwei flache, weiße Schalen nimmst du mit zum Sortieren der Proben. In die eine Schale leerst du deinen Käscherinhalt aus Algen, Schnecken, Käfern und Larven. Die meisten Tiere verraten sich sofort durch ihre Bewegungen. In die zweite Schale holst du dir sauberes Teichwasser. Hier kannst du einzelne Tiere einsetzen, die du genauer betrachten willst. Mit einer Lupe werden viele Feinheiten sichtbar. In einem großen Einmachglas kannst du wie in einem Aquarium die Schwimmtechniken der einzelnen Tiere kennenlernen.

Zum erfolgreichen Tümpeln im Teich brauchen wir einen Käscher mit langem Stiel, zwei flache Schalen zum Sortieren der Proben und ein bis zwei Einmachgläser zum genauen Beobachten.

Mit dem Käscher holen wir Stichlinge, Kaulquappen, Insektenlarven und viele andere Tiere aus dem Teich.

Den Käscherinhalt leeren wir in eine flache Schüssel mit Teichwasser. So können wir unseren Fang genauer untersuchen.

Wir schauen uns eine kleine Tellerschnecke aus der Nähe an. Wie viele Windungen hat wohl ihr Gehäuse?

Dein Beobachtungsgefäß darf aber nicht zu lange in der Sonne stehen. Das Wasser erwärmt sich rasch, und durch die Wärme wird der Sauerstoff aufgezehrt. Die gefangenen Tiere leiden unter Atemnot und sterben.

Beim Tümpeln kannst du auch feststellen, ob ein Teich gesund ist. Findest du in deinem Käscher viele verschiedene Tiere, ist er meistens in Ordnung. Enthält dein Käscher aber nur grüne Algenfäden oder nur viele Rückenschwimmer und keine Libellenlarven, dann ist der Teich in Gefahr. Für einen sehr kranken Teich gibt es ein sicheres Zeichen: Der Schlamm riecht faulig, es leben nur noch Wasserasseln und rote Mückenlarven dort.

Nach Abschluß deiner Beobachtungen bringst du selbstverständlich alle Tiere in ihren Teich zurück. Ein echter Teichforscher, ob Junge oder Mädchen, hinterläßt natürlich keine Spuren. Ehrensache! Auch andere sollen sich an den schönen Dingen in der Natur freuen können.

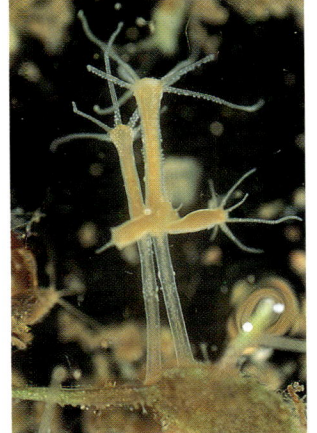

Der Süßwasserpolyp Hydra lebt zu Millionen im Teich. Hydren sehen aus wie kleine Bäumchen. Sie kleben mit dem Fuß auf Wasserpflanzen und warten mit ausgestreckten Fangarmen auf Beute. Am liebsten mögen sie Wasserflöhe.

Egel ernähren sich vom Blut anderer Tiere. Sie sind leicht zu erkennen: Ihr Körper ist geringelt, und sie besitzen an Vorder- und Hinterende je einen großen Saugnapf. Mit dem hinteren Saugnapf sitzen sie auf Wasserpflanzen und warten auf ein Opfer. Mit dem Vorderende saugen sie sich an vorbeischwimmenden Fischen fest. Karpfen tragen oft zwei bis drei solcher Egel mit sich herum.

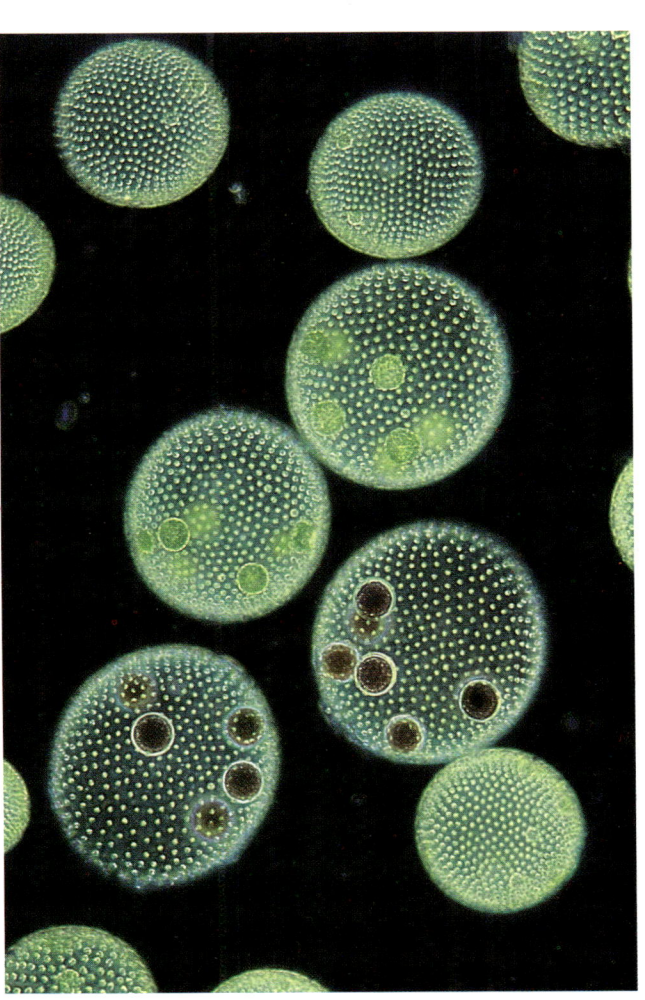

Die Alge Volvox ist eine kleine grüne Kugel, man kann sie gerade noch ohne Lupe erkennen. Diese winzige Alge schwebt wie ein grüner Ball im Teichwasser. Sie besteht nur aus einer einzigen Zelle. Im Sommer bilden sich im Bauch dieser Alge kleine Tochterkugeln.

34

Der Dreistachelige Stichling schwimmt im Frühling in leuchtenden Farben durch die Unterwasserwelt.

Der Stichling

Lebensraum:	pflanzenreiche Teiche
Größe:	etwa 5 cm
Nahrung:	Würmer, kleine Krebse, Insektenlarven
Lebenszeit:	drei bis vier Jahre
Feinde:	Larven von Libelle und Gelbrandkäfer
Besondere Merkmale:	je nach Art drei bis elf bewegliche Stacheln auf dem Rücken
Typisches Verhalten:	hält sich meist am Teichboden auf und versteckt sich bei Gefahr im Schlamm

Im Frühling färben sich die silberfarbenen Stichlingsmännchen bunter. Sie bekommen ihr Paarungskleid. Mit rotem Bauch, azurblauem Rücken und wunderschön blauen Augen bauen sie am Boden des Teiches ein Nest. Dann umwerben sie ein Weibchen und führen es zur Eiablage dorthin. Gleich nach der Eiablage wird das Weibchen wieder verjagt. Das Männchen bewacht und versorgt das Gelege allein. Es bessert Schäden am Nest aus, vertreibt Feinde und fächelt den Eiern mit seinen Brustflossen frisches Wasser zu. Bereits nach wenigen Tagen schlüpfen aus den Eiern junge Fische, und schon zehn Tage später verlassen sie ihre Kinderstube. Sie versorgen sich jetzt selbst. Aber hungrige Feinde lauern überall und junge, unerfahrene Stichlinge sind eine leichte Beute.

Regungslos lauert eine Libellenlarve im grünen Dickicht der Wasserpflanzen am Teichboden. Die jungen Stichlinge in ihrer Nähe ahnen nichts von der drohenden Gefahr. Blitzschnell klappt die Larve ihre Unterlippe nach vorn und packt zu. Für einen der winzigen Stichlinge gibt es kein Entrinnen. Wie in einer spitzen Pinzette ist er eingeklemmt und wird verzehrt. Warum hatte er sich auch so weit vom Nest entfernt?

Sein kleinerer Verwandter, der Zwergstichling, setzt seinen Feinden mit neun bis elf wehrhaften Stacheln auf dem Rücken zu.

Drei einzelne, bewegliche Stacheln auf dem Rücken haben dem Dreistacheligen Stichling seinen Namen gegeben.

Seine Geschwister wurden vom wachsamen Vater mit dem Maul eingesogen und zurück ins sichere Nest gespuckt.

Stichlingsmännchen bewachen Gelege von 300 bis 1000 Eiern. Wenn alle Fischkinder schlüpfen und groß würden, wimmelte der Teich nur noch von Stichlingen. Die meisten müßten verhungern. Im Teich gibt es aber auch Tiere, die sich von Stichlingen ernähren. Und diese Räuber haben wieder hungrige Feinde. Deshalb werden in einem gesunden Teich gerade soviel Tiere groß, wie der Teich verträgt. So können viele Tiere miteinander leben, und jedes wird satt.

Der Zwergstichling schmückt sich im Frühling mit einem samtschwarzen Paarungskleid. Dann baut er gut versteckt zwischen Unterwasserpflanzen ein großes Nest. Um die Aufmerksamkeit eines Stichlingsweibchens auf sich zu ziehen, macht er einen Kopfstand.

Wußtest du,

daß Stichlingsmännchen bei Gefahr ihre Kinder im Maul verstecken?

Schwimmen und Tauchen

Aufgeplustert wie ein Wollknäuel tanzt der kleine Zwergtaucher auf den Wellen. Plötzlich macht er einen Kopfsprung und ist verschwunden. Wie schafft es dieser Schwimmvogel nur, nicht wie ein Korken wieder hochgetrieben zu werden? Seine Füße tragen faltbare Hautlappen. Wenn er damit rudert, wird er auch unter Wasser sehr schnell. Er holt sogar den flinken Stichling ein, aber meistens fängt er nur Schlammschnecken und Libellenlarven. Doch bei diesen hat der Taucher oft kein Glück. Denn die großen Larven können bei Gefahr blitzschnell davonschwimmen. Wenn sie aus ihrem Hinterleib Wasser ausstoßen, schießen sie wie eine Rakete davon. Die meisten Teichtiere schwimmen aber anders. Sie schlängeln sich durchs Wasser. Einer der »Schlängler« ist der Fischegel. Er krümmt seinen langen Körper auf und ab. Dabei entsteht die gleiche Bewegung, die ihr mit den Händen macht, wenn ihr Wellen nachahmt.

Jeder, der versucht hat, auf einem großen Wasserball das Gleichgewicht zu halten, weiß, wie schwer das ist. Ständig dreht man sich auf den Rücken, der luftgefüllte Ball will nach oben. Ähnlich ergeht es dem Rückenschwimmer, einer Schwimmwanze. Er hängt an einer Luftblase unter der Wasseroberfläche und hat daraus seine eigene Schwimmtechnik entwickelt: Er schwimmt einfach auf dem Rücken.

Die Enten tragen zwischen den Vorderzehen Schwimmhäute. Mit solchen Schwimmfüßen kann die Stockente im Wasser gut paddeln, sich beim Start vom Wasser abstoßen und bei der Landung den Schwung abbremsen.

Verschiedene
Schwimmfüße:
1 Ruderfuß einer Möwe
2 Schwimmfuß der
Stockente
3 Lappenfuß des
Zwergtauchers
Beim Vorwärtsschlag
falten sich die Lappen
zusammen, beim Paddeln
werden sie breit.
4 Fuß des Bläßhuhns. Es
kann damit an Land
schnell laufen und im
Teich gut schwimmen.

Ein Vogelfuß hat nur vier
Zehen. Drei zeigen nach
vorne, eine sehr kurze
Zehe nach hinten.

37

Der Zwergtaucher kann
beim Tauchen seine
Federn so eng an den
Körper legen, daß alle
Luft herausgepreßt wird.
So kann er nicht so
schnell vom Luftkissen an
die Wasseroberfläche
getragen werden.

Der Haubentaucher

Lebensraum:	größere Teiche mit einem Schilfgürtel
Größe:	etwa 50 cm
Nahrung:	kleine Fische, Krebse, Insektenlarven
Lebenszeit:	10–12 Jahre
Feinde:	Hecht, Möwen
Besondere Merkmale:	Männchen und Weibchen sehen gleich aus; Haubentaucherpaare bleiben ein Leben lang zusammen
Typisches Verhalten:	schwimmt mit aufrechtem Hals und stolz erhobenem Kopf

Früh morgens spielen sich auf größeren Teichen erstaunliche Dinge ab: Zwei farbenprächtige Schwimmvögel schwimmen schnell aufeinander zu. Plötzlich stoppen sie. Sie stehen sich jetzt ganz nahe gegenüber. Fast senkrecht steigen die beiden aus dem Wasser und schütteln ihre Köpfe. Dabei sträubt sich ihre Halskrause. Ein lautes »Kröck, Kröck«, schallt über den Teich. Das sieht nach Streit aus, aber in Wirklichkeit ist es die Balz der Haubentaucher. Die beiden großen Vögel werben umeinander. Gleich geht das eindrucksvolle Schauspiel weiter: Männchen und Weibchen schwimmen ein Stück nebeneinander her. Unvermittelt tauchen sie in die Tiefe und kommen mit Wasserpflanzen im Schnabel wieder hoch. Jetzt wendet sich ein Taucher ab. Er läuft hochaufgerichtet über den Teich. Der andere breitet auf dem Wasser seine

Flügel aus. Wer dieses Teichballett miterleben will, braucht nur etwas Geduld und ein Fernglas.

Wenig später bauen die beiden Haubentaucher gemeinsam ihr Schwimmnest. Sehr viel Mühe geben sie sich damit nicht. Meist schichten sie nur faulende Pflanzenteile zu einer schwimmenden Plattform auf. Die Eier liegen mitten in einer schlammigen Kuhle. Trotzdem schlüpfen vier Wochen später zwei bis drei Küken. Kaum aus dem Ei, schwimmen sie hinter ihrer Mutter her und tauchen, als hätten sie nie etwas anderes gemacht.

Wußtest du,

daß die Küken der Haubentaucher bereits im Ei auffallend laut piepen?

Es ist ein besonderes Erlebnis, wenn man die Balz der Haubentaucher beobachten kann. Die Kopfschüttelpose ist ein Teil des Werbespiels. Männchen und Weibchen schwimmen dicht aufeinander zu und schütteln heftig mit dem Kopf.

Der Haubentaucher besitzt an den Zehen keine Schwimmhäute, sondern faltbare Hautlappen. Ohne große Anstrengung kommt er damit im Wasser sehr schnell vorwärts. Immerhin schwimmt er 4 bis 7 km/h schnell.

Den Haubentaucher kann man nicht übersehen, wenn er elegant über den See gleitet. Sein Hals und seine Brust leuchten weithin eierschalenweiß. Ein auffälliger rostbrauner Backenbart umrahmt sein Gesicht. Am Kopf trägt er einen großen schwarzen Federschopf.

Lautes Wassergeplätscher schallt über den Teich. Ein Höckerschwan startet. Schwerfällig erhebt sich der große Vogel und nimmt flügelschlagend Anlauf. Seine Schwimmfüße sausen über das Wasser, schneller und immer schneller. Endlich, nach fünfzig Metern, hebt er ab.

Schwäne haben es nicht leicht, ihr großes Gewicht in die Luft zu bringen. Und auch die Landung geht nicht ohne Schwierigkeiten vor sich. Der Schwan spreizt seine Schwimmfüße und streckt sie weit nach vorne. Mit gewaltigem Rauschen bremsen sie seine Geschwindigkeit. Das Wasser hat ihn wieder.

Ungefähr einen Monat muß das Weibchen die Eier wärmen, bis die ersten Jungen schlüpfen. Junge Höckerschwäne tragen ein graues Daunenkleid und können sofort schwimmen. Gleich nach dem Schlüpfen werden sie auf das offene Wasser geführt.

Die Schwanenmutter führt ihre Kinder über den Teich. Wachsam schwimmt sie voraus. Sie paßt sehr genau auf, ob eine Rohrweihe am Himmel kreist. Aber solange die Frösche quaken, ist alles in Ordnung. Erst wenn sie verstummen, wird es gefährlich.

Schwäne bauen große Nester aus Ästen und Schilfhalmen. Meist bringt das Männchen Baumaterial, und das Weibchen richtet die Nestmulde her. Die Eier brütet das Weibchen allein aus. Der Schwanenmann hält sich in der Nähe des Nestes auf und bewacht seine brütende Frau.

Sieht der Höckerschwan einen Rivalen auf seinem Teich, wird er böse. Er stellt seine großen Flügel auf und droht dem Eindringling. Diese Drohgeste reicht meistens schon. Wenn nicht, greift er an. Und dann fliegen die Federn. Aber das geschieht selten.

Der Höckerschwan

Lebensraum: pflanzenreiche Teiche mit einem breiten Schilfgürtel

Größe: etwa 1,50 m

Nahrung: Blätter und Stengel von Wasserpflanzen, Gras, selten auch kleine Krebse, Muscheln und Schnecken

Lebenszeit: ungefähr 20 Jahre

Feinde: Fuchs, wildernde Hunde, Rohrweihe

Besondere Merkmale: orangeroter Schnabel und schwarzer Höcker auf der Stirn

Typisches Verhalten: trägt beim Schwimmen seinen langen Hals in S-förmiger Krümmung; beim Fliegen streckt er ihn gerade nach vorne

Der Schwan ist im Wasser zu Hause. Auf dem Teich verbringt er fast sein ganzes Leben. Hier findet er genügend Nahrung. Hier sucht er sich ein Weibchen, und hier zieht das Schwanenpaar seine Jungen groß.

Auch ein kalter Winter kann den Schwan nicht von seinem Teich vertreiben. Viele Vögel, die hier im Sommer ihr Lied sangen, sind längst der Sonne entgegengezogen. Der Schwan nicht. Er trotzt der Kälte. Er kann ja auch barfuß auf dem Eis spazierengehen, ohne sich die Füße zu erfrieren.

Schwäne sind Schwimmvögel. An Land bewegen sie sich nur schwerfällig und ungeschickt. Bist du schon einmal mit Schwimmflossen an den Füßen spazierengegangen? Dann hast du sicher festgestellt, wie schwierig das ist. So ähnlich geht es dem Schwan. Seine Zehen sind durch Schwimmhäute verbunden. Damit kann er an Land eben nur watscheln.

Wußtest du,

daß junge Höckerschwäne bis ins zweite Lebensjahr graue Schnäbel und ein bräunliches Gefieder besitzen?

Der erwachsene Höckerschwan hat ein strahlend weißes Gefieder. Du erkennst ihn an seinem orangeroten Schnabel und einem großen schwarzen Höcker auf der Stirn. Er heißt nicht umsonst »Höckerschwan«.

Fliegen und Jagen

Ein Spätsommerabend am Teich. Langsam wird es dunkel, und über den Weiden am Ufer beginnen, wie auf ein heimliches Kommando, Tausende von Zuckmücken zu tanzen. Wie Rauchsäulen steigen ihre wogenden Schwaden über dem Wasser auf. Die Zuckmücken tanzen nicht lange allein. Im Nu sind auch die Mosaikjungfern zur Stelle. Schnell und lautlos sausen diese großen Libellen in den Schwarm und haben sofort eine Mücke im Griff. Man hört fast das Knacken, wenn ihre kräftigen Mundwerkzeuge die Insekten zermalmen. An warmen, windstillen Abenden treffen sich viele dieser eleganten Jäger hier am Teich zur Mückenjagd. Leichter kann man nicht satt werden.

Mit weit nach vorne gestrecktem Hals und raschen Flügelschlägen fliegen Stockenten über die Wasseroberfläche. Dabei hört man ein merkwürdig klingelndes Fluggeräusch.

Lachmöwen sind
große Flugkünstler.
Aufmerksam beobachten
sie ihre Umgebung und
wenden blitzschnell, wenn
es etwas zu fressen gibt.

Hoch oben am Himmel
gleitet die Rohrweihe mit
weit ausgebreiteten
Flügeln über den
Schilfwald. Hat sie ein
Beutetier entdeckt,
schießt sie im Sturzflug
blitzschnell nach unten.

Eine Mosaikjungfer fliegt
ihre Schleifen über den
Teich. Sie saust mit vier
Flügeln durch die Luft
oder schwirrt wie ein
lautloser Hubschrauber
auf der Stelle.

Die Wasserfledermaus
jagt knapp über der
Wasseroberfläche, aber
auch bis in fünf Meter
Höhe um Bäume herum.
Sie fliegt schnell und
wendig. Auf dem Bild hat
sie gerade einen
Nachtfalter angepeilt.
Gleich wird sie ihn mit
ihren spitzen Zähnen
packen und während des
Fliegens auffressen.

Wasserfledermäuse
schlafen tagsüber in
Baumhöhlen. In hohlen
alten Bäumen ziehen die
Weibchen in der
Fledermaus-Kinderstube
gemeinsam ihre Jungen
groß. Manchmal leben im
Sommer bis zu 100 Mütter
und ihre Kinder in
solchen Höhlen
zusammen.

Die Wasserfledermaus

Lebensraum:	feuchte Wälder mit Teichen in der Nähe
Größe:	etwa 11 cm
Nahrung:	Nachtfalter, Mücken, Schnaken
Lebenszeit:	Höchstalter zwanzig Jahre, Durchschnittsalter vier Jahre
Feinde:	Waldkauz, Schleiereule
Besondere Merkmale:	nachtaktiv, große häutige Flügel mit einer Spannweite von 25 cm
Typisches Verhalten:	fliegt in der Dämmerung im Zickzack dicht übers Wasser

Die Stockenten auf dem Teich stecken schon den Kopf unter das Gefieder. Sie lassen sich von Wind und Wellen sanft in den Schlaf wiegen. Es wird Nacht. Dunkle Schatten huschen lautlos über das Wasser. Das sind Fledermäuse.

Die Wasserfledermaus schläft tagsüber in Baumhöhlen. Wenn es dämmert, wacht sie auf und geht auf die Jagd. Im wendigen, schnellen Schwirrflug dreht sie ihre Runden und sammelt mit Maul und Schwanzflughaut Insekten dicht über und auf der Wasseroberfläche ab. Am Teich fliegen spät abends viele frisch geschlüpfte Eintagsfliegen, Mücken und Nachtschmetterlinge. Das sind ihre bevorzugten Beutetiere. Auch noch in tiefster Dunkelheit spürt die Wasserfledermaus sie auf. Wie sie das macht? Sie fliegt durch die Nacht und stößt sehr hohe, für uns Menschen nicht hörbare Schreie aus. Das Echo dieser Schreie fängt sie mit ihren weit abstehenden Ohren ein. Ein solches Echo hört sie zum Beispiel, wenn ihr Schrei auf einen dicken Schmetterling trifft. Mit manchen Nachtfaltern hat sie aber ihre Mühe. Sie tragen einen dichten Haarpelz und dämpfen damit das Echo der Fledermausrufe. So schützen sie sich vor ihren Feinden und werden nicht so schnell zur Beute.

Heute bekommt man bei uns nur noch selten einen dieser geheimnisvollen Nachtsegler zu Gesicht. Alle unsere heimischen Fledermäuse sind vom Aussterben bedroht. Wir Menschen engen ihren Lebensraum zu sehr ein. Wo stehen noch alte Weiden am Teich? Wo gibt es noch Ruinen, in denen sie sich verstecken können? Selbst Tropfsteinhöhlen sind für sie nicht mehr verfügbar. Früher haben sie darin zu Tausenden überwintert. Heute laufen Touristen darin herum und stören die scheuen Fledermäuse.

Wußtest du,

daß Fledermäuse kopfabwärts, an den Füßen aufgehängt, schlafen?

Die Wasserfledermaus fliegt mit den Händen. Ihr Flügel ist eine umgebildete Hand. Der kurze, hakenartige Daumen ist deutlich zu erkennen. Zwischen ihren vier langen Fingern ist die Flughaut wie ein Regenschirm aufgespannt, ihre Finger sind die Streben der Flughaut.

Vom kleinen Wäldchen hinter dem Teich ertönt lautes Gekreische. Das ist ganz unverwechselbar eine Kolonie von Graureihern. Auch die vom Kot weiß verschmierten Bäume sagen uns das. Graureiher nisten in großen Gruppen. Oft bauen Hunderte von ihnen ihre Nester nebeneinander hoch oben in die Bäume. Sie kehren immer wieder zum selben Brutplatz zurück. Die einzelnen Paare streiten ständig miteinander und stehlen sich Eier oder Nistmaterial. Eine Graureiherkolonie ist deshalb nicht zu überhören. Sie verrät sich immer.

Graureiher verwenden viel Zeit auf die Pflege ihres seidigen Gefieders. Das Pflegemittel hat die Natur ihnen mitgegeben: winzige Puderdaunen. Das sind kleine Federchen, die an der Brust von den großen Federn verdeckt wachsen. Diese kleinen Federchen bilden beim Abbrechen einen wasserabstoßenden Puder.

Früher hieß der Graureiher überall »Fischreiher«. Man dachte, er fräße nur Fische. Viele Teichbesitzer fühlten sich geschädigt und machten Jagd auf ihn. Immerhin verschlingt ein Graureiher pro Tag etwa 500 Gramm Nahrung. Aus Magenuntersuchungen weiß man heute, daß seine Nahrung nur zu einem Drittel aus Fischen besteht. Den größten Teil seines Speisezettels machen Ratten, Feldmäuse, Blindschleichen und Frösche aus. Heute ist der Graureiher geschützt und darf nicht mehr geschossen werden. Gönnen wir ihm also die paar Fische, die er aus unseren Teichen holt.

Vögel erreichen mit ihren Augen fast eine Rundumsicht. Sie müssen ihren Kopf nur ganz wenig hin und her bewegen, um ihre Umgebung vollständig zu überwachen.

Der Graureiher

Lebensraum:	Teiche, feuchte Wiesen
Größe:	etwa 90 cm
Nahrung:	Frösche, kleine Fische, aber auch Ratten und Mäuse
Lebenszeit:	ungefähr 10 Jahre
Feinde:	Krähen als Eiräuber
Besondere Merkmale:	knapp storchengroßer, grauer Vogel mit langem, dolchartigem gelbem Schnabel
Typisches Verhalten:	steht oft stundenlang unbeweglich wie eine Statue an einem Fleck

Wußtest du,

daß der Graureiher beim Fliegen seinen Hals wie ein S krümmt?

Ein hungriger Graureiher **47**
lauert stundenlang
mucksmäuschenstill im
flachen Teich. Seine
langen Zehen verhindern,
daß er im Schlamm
einsinkt. Mit seinen
scharfen Augen erspäht er
jedes Beutetier, auch im
trüben Wasser.
Hat er einen Frosch
entdeckt, schnellt sein
langer Hals mit einem
Ruck nach vorne.
Blitzschnell sticht er zu,
packt sein Opfer mit dem
Schnabel und würgt es
hinunter.

Reetdächer und Karpfenzucht

An der Nordsee gibt es die schönen, mit Schilf gedeckten Friesenhäuser. Seit Jahrhunderten nutzen die Menschen das Schilf oder »Reet« zum Dachdecken. Reetdächer halten über 100 Jahre und geben jedem Haus ein gutes Wohnklima.

In gesunden, naturnahen Teichen wachsen die Karpfen schnell heran und vermehren sich. Immerhin legt ein Karpfenweibchen fast 500 000 Eier.

Das Leben auf dem Schilfdach ist erstaunlich reichhaltig. Viele Tiere und Pflanzen siedeln sich dort an. Auf den Reetdächern Schleswig-Holsteins hat man eine unüberschaubare Anzahl von winzigen Algen, Flechten, Käfern und Mücken beobachtet.

Vor über 700 Jahren begannen Mönche, in den Klosterteichen Karpfen zu züchten. Sie fütterten und pflegten die Fische wie Haustiere. Denn die Mönche durften in der Fastenzeit nur Fisch essen. Und der sollte lecker schmecken. Doch der Karpfen besitzt auch viele harte Schuppen, die ihn vor dem spitzen Schnabel des Graureihers schützen. Sie mußten vor dem Essen mühsam entfernt werden. Deshalb züchteten die Mönche nur noch Karpfen mit wenigen Schuppen.

Besonders auf den nordfriesischen Inseln kannst du im Herbst viele Reetdachdecker bei der Arbeit beobachten.

Im Spätherbst werden viele Teiche abgelassen: Es ist Zeit für das Abfischen. Wenn das Wasser im Teich immer weniger wird, versammeln sich die Karpfen an der tiefsten Stelle und werden mit großen Netzen eingefangen. Das ist Schwerstarbeit.

Im Spätherbst werden auch große Schilffelder gemäht. Die Halme werden gebündelt und zum Trocknen aufgestellt. Mit den trockenen Halmen werden Dächer repariert oder neu gedeckt.

50

Wenn der Karpfen
hungrig ist, stülpt er sein
Maul wie einen Rüssel
nach vorne und
durchwühlt den Schlamm.
Man nennt ihn deshalb
auch das Teichschwein.
Am Maul hat er vier
kleine Fäden, auf jeder
Seite zwei. Das sind die
Barteln. Damit ertastet er
im Schlamm kleine
Krebse und Schnecken.

Die Pupillen des
Karpfenauges sind weit
geöffnet. So kann er selbst
im Dunkel des Teiches
gut sehen.

Wußtest du,

daß der Karpfen nur fünf
Zähne hat und daß diese
Zähne nicht im Maul,
sondern im Schlund
sitzen?

Der Karpfen trägt ein
Schuppenkleid. Diese
Schuppen liegen wie
Dachziegel übereinander
und schützen zusammen
mit einer Schleimschicht
die dünne Fischhaut.

Der Karpfen

Lebensraum:	pflanzenreiche Teiche
Größe:	30–40 cm, manchmal größer
Nahrung:	Würmer, Kleinkrebse, Insektenlarven, vermodernde Pflanzen
Lebenszeit:	15–20 Jahre
Feinde:	Hecht, Fischotter, verschiedene Wasservögel
Besondere Merkmale:	großes, vorstülpbares Maul mit zwei kurzen und zwei langen Barteln
Typisches Verhalten:	seine Rückenflossen ragen oft aus dem Wasser

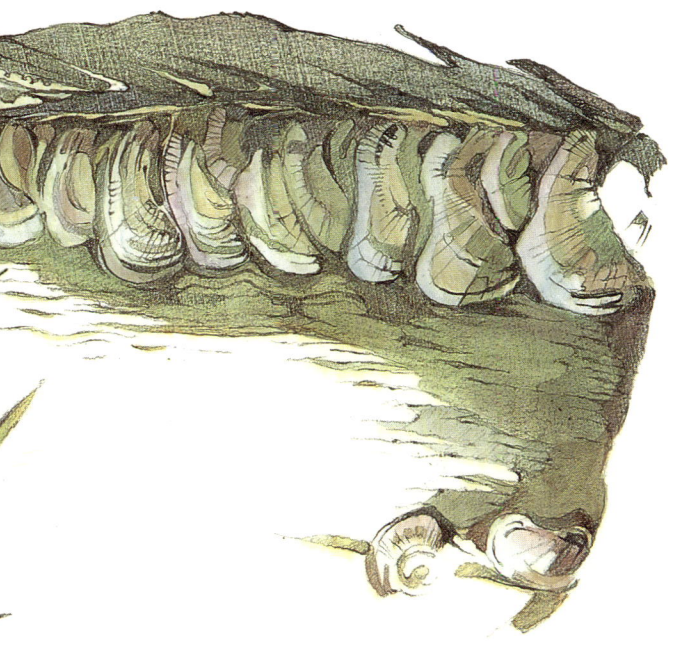

Karpfen atmen anders als wir. Sie holen sich mit ihren Kiemen den Sauerstoff direkt aus dem Wasser. Kiemen sind die Atemorgane der Fische. Sie bestehen aus winzigen, blutdurchströmten Blättchen. Du siehst sie, wenn du bei einem Fisch in der Küche die Kiemendeckel am Kopf einmal anhebst. Du kannst sie ganz leicht finden, sie liegen direkt hinter dem Auge.

Regungslos steht der alte Karpfen im Dschungel der Schilfhalme. Er ist scheu, wachsam und sehr vorsichtig. Ein Leben lang hat er sich tagsüber versteckt. Nur nachts suchte er nach Nahrung. Zwanzig Jahre lang entging er so den Netzen der Fischer. Früher ist er mit anderen Karpfen im Schwarm durch den Teich geschwommen. Im Winter haben sie sich nebeneinander im Schlamm eingegraben und die Kälte überdauert. Heute streunt er allein durch das Unterwasserdickicht. Er ist zum Einzelgänger geworden.

Seine klaren, hellbraunen Augen beobachten die Umgebung sehr genau. Ihnen entgeht nichts, weder vor ihm, noch hinter ihm, weder über ihm, noch unter ihm. Seine Nase nimmt feinste Gerüche im Teich auf. Mit seiner Schwimmblase kann er mühelos im Wasser schweben, bei Gefahr nach unten sinken oder an die Oberfläche steigen. Ein feines Meßinstrument in seiner Haut, die Seitenlinie, meldet ihm jede Veränderung der Wasserströmung. So wie du den Wind auf deiner Haut spürst oder die Berührung einer Hand, so spürt der Karpfen die kleinsten Wasserbewegungen. Und er spürt auch, wie warm das Wasser ist. Das ist wichtig zum Laichen, denn Karpfeneier entwickeln sich nur in 18–20 Grad warmem Teichwasser.

Ein Karpfenweibchen legt an seichten Uferstellen etwa 500 000 Eier ab. Die Eier sehen aus wie glasklare kleine Kugeln und sind etwa so groß wie ein Stecknadelkopf. Nach einer Woche schlüpfen daraus kleine Larven. Sie kleben noch drei Tage lang an Wasserpflanzen, um sich weiterzuentwickeln. Dann müssen sie an die Wasseroberfläche, um ihre Schwimmblase mit Luft zu füllen. Erst jetzt können die Fischkinder schwimmen und sich ihr Futter im Teich selbst suchen. In den ersten Tagen fressen sie die kleine Kugelalge Volvox oder einige Wasserflöhe. Aber die kleinen Karpfen wachsen schnell heran. Schon bald suchen auch sie im Schlamm nach Würmern und Schnecken. Drei Sommer später wiegen sie bereits zwei Kilogramm und sind erwachsen. Jetzt können sie selbst Eier legen.

Entengrütze kann sich in einem Teich, der zuviel Nährstoffe bekommt, schnell vermehren. Sie überwächst den Teich und erstickt das Leben darin.

Zuviele Algen bilden auf der Wasseroberfläche einen dichten grünen Teppich und ersticken den Teich.

Wo Kühe in der Nähe eines Teiches weiden und sogar darin herumwaten dürfen, ist der Teich in Gefahr. Denn Jauche ist Gift für einen Teich. Sie enthält viele Nährstoffe, die über Nacht die Algen wachsen und sich vermehren lassen. Schon nach einer Woche kann ein Teich mit Gülle »umkippen«. Das heißt, die Algen nehmen dem Teich den Sauerstoff weg, er erstickt. Und mit ihm alle Tiere unter Wasser.

Teiche in Gefahr

In vielen Teichen haben Fische, Frösche und Enten, Libellen und Käfer kein leichtes Leben mehr. Das Wasser ist stark verschmutzt. Der Wind trägt von den Feldern Unkrautvernichtungsmittel in den Teich, die beim Spritzen des Getreides verweht werden. Mit dem Regen gelangen Kunstdünger vom Acker ins Wasser und lösen sich dort auf. Dadurch wird das Teichwasser für Pflanzen und Tiere vergiftet. Häufig wird sogar Müll in den Teich geworfen, oder er wird mit Steinen eines abgerissenen Hauses aufgefüllt und zugeschüttet.

Manchmal gefährdet der Teichwirt selbst seinen Teich. Wenn er zu viele Fische einsetzt, entstehen mehr Abfallstoffe, als der Teich verkraftet. Dann vermehren sich Algen ganz schnell und ersticken den Teich unter einem grünen Teppich.

Auch gedankenlose Menschen gefährden den Teich. Die Folgen der Sonntagsausflüge sind oft traurig. Bootsfahrer verjagen den Haubentaucher und das Bläßhuhn. Wenn diese gerade brüten, hat das schlimme Folgen: Die Jungen sterben in den Eiern. Aber auch neugierige Beobachter richten Schaden an. Trampelpfade ins Schilf zerstören die Brutplätze.

Ganz leise an eine offene Stelle des Ufers gehen und sich dort ruhig hinsetzen, stört die meisten Tiere nicht. Laut um den Teich herumtoben und alle Blumen abreißen, das schadet der Natur. Ihr wollt doch in Zukunft Haubentaucher, Libellen und Wasserkäfer nicht nur in Büchern ansehen, oder?

Wenn ihr euch ruhig hinsetzt, erkennen euch viele Tiere nicht als „störendes großes Tier" und kommen neugierig heran. Besonders gern setzen sich Libellen auf die helle Haut. Dann kann man diese schönen Tiere ganz aus der Nähe betrachten.

Ein Teich am Rande eines Neubaugebietes wurde mit Müll und Schutt vollgeladen. Tiere und Pflanzen können hier nicht mehr leben.

Dies ist ein gesunder Teich. Auf dem Wasser schwimmen Seerosen, am Ufer wächst ein dichter Schilfgürtel, das Wasser ist klar und sauber. Dieser Teich in Schleswig-Holstein heißt »Kaulquappenteich«, weil sich darin jedes Jahr sehr viele Kaulquappen entwickeln. Im Schilfgürtel haben Bläßhühner und Teichrohrsänger ihre Nester, sogar der Eisvogel fischt hier.

Stockenten sind im Wasser in ihrem Element. Der Teich ist ihr Zuhause. Ihr Körper ist ganz auf das Leben im Wasser eingerichtet: die Beine mit den Ruderfüßen sitzen weit hinten, zwischen den Zehen haben sie Schwimmhäute. Das sieht man schön bei diesem Erpel, dem Stockentenmännchen.

Der kleine Teich hinter den hohen Weiden wirkt im fahlen Novemberlicht wie ausgestorben. Kein Laut ist zu hören. Doch plötzlich kommt Leben in die Stille. Mit einem heiseren »räb, räb« fliegt ein Stockentenpaar vom Wäldchen herüber. Voran der Erpel mit seinem leuchtenden flaschengrünen Kopf, dem weißen Halsring und seiner kastanienbraungefärbten Brust. Er fällt besonders auf. Dicht hinter ihm folgt sein Weibchen, die Ente. Sie sieht wesentlich schlichter aus, ist unscheinbar bräunlich gefleckt. Diese Färbung tarnt sie beim Brüten im dichten Schilf. Ihr Kennzeichen ist ein blauschillernder Fleck im Flügel. Selbst jetzt, im Nebel, ist er deutlich zu sehen.

Die beiden suchen einen Teich zum Gründeln. Sie haben Hunger. Das Wasser rauscht unter ihren Füßen, sie sind gelandet. Schon stecken sie den Kopf tief in das Wasser, als wollten sie einen Kopfstand machen. Ihr Hinterteil zeigt senkrecht in die Höhe.

Die Stockente, links ein Weibchen, rechts ein Männchen, ist die häufigste und größte Schwimmente auf unseren Teichen.

Wußtest du,

daß die Wasserspitzmaus
mit dem Igel näher
verwandt ist als mit den
Mäusen?

Das Haarkleid der
Wasserspitzmaus ist dicht
und samtig, fast wie ein
Maulwurfspelz. Ihr
schwarzes Rückenfell und
der silbrig weiße Bauch
sind an den Seiten durch
eine deutliche Trennlinie
voneinander abgesetzt.

Winter am Teich

Dichter Nebel hüllt alles in trübes Grau. Ein Wintertag, an dem es gar nicht hell werden will. Der kleine Teich liegt wie ausgestorben da. Kein Rohrsänger singt seine Strophen. Keine Stockente ruft ihr lautes »räb, räb« über das Wasser. Nur die trockenen Schilfhalme knistern leise im Wind. Gelbrandkäfer und Rückenschwimmer sind unter einer dicken Eisschicht gefangen. Väterchen Frost hat die Natur fest im Griff. Doch die Kälte hat auch ihr Gutes. Sie wirkt wie ein Gesundbrunnen.

Im Spätherbst blasen heftige Stürme über den Teich. Sie mischen das Wasser wie ein großer Quirl durcheinander und bringen frischen Sauerstoff mit. Wenn die Tage kürzer und die Nächte kälter werden, gehen die Wassertemperaturen langsam zurück. Ein Alarmsignal für Fische und Frösche. Sie ziehen sich auf den Teichboden zurück, graben sich im Schlamm ein und ruhen sich aus.

Der Teich ist fest zugefroren. Schilfhalme stehen stocksteif am Ufer. Nur ihre braunen Blütenstände nicken im Wind. Karpfen und Wasserfrosch warten unter der Eisdecke auf den nächsten Frühling.

Ihre Körperfunktionen schalten sie bis zum nächsten Frühling um auf Sparflamme. Selbst wenn die Temperatur hier unten einmal unter den Gefrierpunkt sinken sollte, sind sie noch nicht verloren. Sie dürfen nur nicht geweckt werden und in Panik ihren Schlafplatz verlassen. Vielleicht denkst du daran, wenn du das nächste Mal auf Schlittschuhen fast lautlos deine Kreise ziehst. Unter der Eisdecke hört sich das nämlich ganz anders an. Für die Teichbewohner klingt das so, als ob sie jemand mitten im Winter wecken wollte. Aber was sollten sie dann im kalten Wasser und ohne Nahrung? Für Fische und Frösche und alle anderen Tiere ist es viel besser, wenn sie in ihrem Schlammbett weiter schlafen und warten, bis die Wärme der Frühlingssonne sie weckt.

Schlittschuhlaufen auf dem zugefrorenen Teich ist ein großes Vergnügen. Aber die Tiere unter der Eisdecke werden davon in ihrer Winterruhe gestört.

Kleines Lexikon

Dieses kleine Lexikon findest du in jedem Kinder-Kosmos. Wenn du nun jedes Lexikon abschreibst und alles neu alphabetisch ordnest, kannst du dir selbst ein großes Kinder-Kosmos-Lexikon zusammenstellen.

Bakterien Diese Lebewesen sind so klein, daß du sie nur unter einem Mikroskop erkennen kannst. Bakterien leben in der Luft, im Erdboden und im Wasser. Sie sorgen dafür, daß die Erde fruchtbar ist. Für die Herstellung von Käse und Joghurt braucht man auch Bakterien. Sie helfen uns bei der Verdauung. Allerdings gibt es auch gefährliche Bakterien, von denen du krank werden kannst.

Bürzeldrüse ist eine kleine Öffnung am Ende des Rückens von Wasservögeln. Sie sondert eine ölige Flüssigkeit ab. Diese verteilen die Vögel beim Putzen über das Gefieder, um es wasserabstoßend zu machen.

Eintagsfliegen sind kleine, zarte Insekten, die keine Nahrung zu sich nehmen und nur wenige Tage leben. Die Larven entwickeln sich in Gewässern, fressen dort Algen und Abfallstoffe.

Fangmaske heißt die Unterlippe der Libellenlarven. Die Larven können sie vorschnellen lassen und halten mit zwei kleinen Greifern daran die Beute fest.

gründeln ist die Bezeichnung für die Nahrungssuche bei Enten und Schwänen. Sie strecken dabei den Kopf unter Wasser und suchen am Gewässergrund nach Freßbarem.

Gülle oder Jauche. Bezeichnung für die flüssigen Ausscheidungen von Rindern und Schweinen. Auf dem Bauernhof wird Gülle gesammelt und als Dünger auf den Feldern verteilt. Von da aus kann die Gülle ins Wasser von Teichen gelangen und dort zu einer Gefahr für Tiere und Pflanzen werden, die im und um den Teich leben.

Insekten sind die größte Tiergruppe der Erde. Ihr Körper besteht aus drei Abschnitten, dem Kopf, Vorderkörper (Brust) und Hinterleib. Alle Insekten haben sechs Beine.

Käscher Selbstgebautes Fischernetz an einem Stiel mit einem Beutel aus ganz feinem Gardinenstoff. Mit dem Käscher holt man kleine Tiere aus dem Teich.

Kiemen sind die Atmungsorgane vieler wasserbewohnender Tiere. Bei den Fischen sind es kleine, dünne Plättchen, durch die das Blut fließt. Der im Wasser vorhandene Sauerstoff dringt durch sehr dünne Häutchen in die Kiemen ein und gelangt ins Blut.

Kot Bezeichnung für die festen Ausscheidungen der Tiere. Da beispielsweise Pflanzenfresser nur einen Teil der Nährstoffe verwerten können, ist Kot nach dem Ausscheiden oft noch so nahrhaft, daß andere Tiere, zum Beispiel Fliegen, davon leben können.

Kugelauge oder Komplexauge. Die Augen der Insekten bestehen aus sehr vielen kleinen Einzelaugen, die wie eine Bienenwabe nebeneinanderliegen. Damit so viele Augen nebeneinander Platz haben, sind sie auf einer Kugel angeordnet.

Larven Aus den Eiern vieler Tiere schlüpfen Larven. Beim Frosch heißen sie Kaulquappen, bei den Bienen Maden und bei Schmetterlingen Raupen. Bei Wasserinsekten sehen die Larven meist genauso aus wie die Erwachsenen, können aber noch nicht fliegen.

Mikroskop Gerät, um kleine, nicht mit bloßem Auge sichtbare Tiere zu vergrößern.

Muskel Besondere Gewebe im Körper, die Bewegung ermöglichen. Die Muskeln bestehen aus Fasern, die sich schnell zusammenziehen und wieder entspannen können.

Nachtschmetterlinge Gruppe der Schmetterlinge, die meist in der Dämmerung oder nachts fliegen. Allerdings gibt es auch solche, die am Tag unterwegs sind. Nachtfalter sind oft nicht so bunt wie Tagfalter und etwas anders gebaut.

Nährstoffe sind in der Nahrung enthalten. Es sind Stoffe wie Fett, Eiweiß oder Zucker. Nährstoffe werden im Magen und Darm verdaut.

Pupille Kleines Sehloch im Auge der Wirbeltiere. Bei der Katze ist es schlitzförmig, bei Vögeln und Menschen rund. Bei Licht wird die Pupille kleiner, bei Dunkelheit größer.

Puppe Nachdem sie sich als Raupen satt gefressen haben, legen Schmetterlinge eine Ruhepause in einem Köcher ein. Er wird Puppe genannt. Dort werden auch die Flügel entwickelt. Auch Käfer leben eine kurze Zeit in der Puppe, Libellen dagegen nie.

Räuber Tiere, die andere Tiere fressen, heißen Räuber. Was sie fangen, heißt Beute. Räuber sind in der Natur notwendig, damit sich nicht eine Tierart zu sehr vermehren kann und andere Tiere verdrängt.

Revier Das ist ein bestimmtes Gebiet, in dem ein Tier lebt, jagt oder Weibchen anlockt. Meist wird es gegen Tiere der gleichen Art verteidigt.

Sauerstoff Unsichtbares Gas, das in der Luft und im Wasser enthalten ist. Alle Pflanzen und Tiere brauchen den Sauerstoff zum Atmen. Er wird von Pflanzen hergestellt.

Schuppen Kleine umgewandelte Hautteilchen. Bei den Fischen sind sie knorpelig und schützen sie vor Verletzungen der Haut. Bei den Schmetterlingen sind es kleine flache Haare, die bei Berührung abfallen. So können Schmetterlinge aus Spinnennetzen fliehen und lassen nur einige Schuppen an den Klebfäden zurück.

Schwimmblase Kleiner Sack im Körper vieler Fische, der wie ein Luftballon mit Luft gefüllt wird. Damit können die Fische im Wasser schweben, ohne andauernd schwimmen zu müssen.

tagaktiv Wenn Tiere in der Nacht schlafen und am Tag auf Nahrungssuche gehen, nennt man sie tagaktiv.

tümpeln bedeutet, mit einem Käscher Wassertiere aus dem Teich zu fischen, um sie zu beobachten. Für kurze Zeit werden die Tiere in kleinen Schüsseln oder Gläsern mit Teichwasser gehalten und nach dem Beobachten in den Teich zurückgebracht.

Register

Hier findest du eine alphabetische Liste von wichtigen Namen und Begriffen, die in diesem Buch vorkommen. Die danebenstehenden Zahlen zeigen dir, auf welcher Seite im Buch du mehr darüber erfahren kannst.

64 Diese Seite heißt in der Fachsprache der Verlage »Impressum«. Oft steht sie auch am Anfang eines Buches, und immer erfährt man daraus, wer dieses Buch gemacht hat: Der Autor oder die Autorin, Illustratoren und Fotografen – Männer und Frauen –, die Mitarbeiter und Mitarbeiterinnen in den Verlagen und in den technischen Betrieben wie Setzerei, Reproanstalt, Binderei und Druckerei.

Die Konzeption und Texte dieses Buches sind von Dr. Eva-Maria Dreyer, die Illustrationen von Wolf U. Friedrich.

Umschlaggestaltung: Jürgen Reichert, Stuttgart, unter Verwendung einer Illustration von Wolf U. Friedrich und zwei Farbfotos von Reinhard-Tierfoto (Höckerschwan) und Rudolf König (Ringelnatter).

Die Autorin, **Dr. Eva-Maria Dreyer**, ist Biologin und lebt mit ihrer Familie in einem teichreichen Gebiet bei Kiel. Durch ihre beiden naturinteressierten Töchter ist sie mit der altersgerechten Vermittlung von Sachthemen vertraut. Als Autorin und Übersetzerin hat Dr. Eva-Maria Dreyer auch an Fernsehfilmen und Büchern mitgearbeitet.

Der Illustrator, **Wolf U. Friedrich**, ist ausgebildeter Kunstporzellanmaler und Grafiker. Seit fast 20 Jahren arbeitet er freiberuflich in den verschiedensten künstlerischen Sparten. Als hervorragender Naturkenner, nicht nur seiner Heimat am Rand von Berlin, hat er bereits viele Tier- und Pflanzenbücher illustriert. Mit seinen Zeichnungen zu »Bufo, die Erdkröte« kam er auf die Auswahlliste des Deutschen Jugendliteraturpreises.

Im Innenteil mit 43 Farbfotos von: T. Angermeyer/Holzkirchen (S. 43); H. Bellmann/Lonsee (S. 29, 33 Mitte); W. Dreyer/Probsteierhagen (S. 32 alle Bilder, 51, 52/53 großes Dia, 52 oben rechts) H. Fürst/ Abtsgmünd (S. 12); K. Janke/Woltorf (S. 5, 18); R. König/Kiel (S. 17, 30, 31, 52 oben links, 54, 55); A. Limbrunner/Dachau, (S. 44); J. Mönch/Bremen (S. 59); J. Neukampf/Juniors Tierbildarchiv (S. 42); H. Pfletschinger/Tierbildarchiv Angermeyer (S. 27 alle Bilder); F. Pölking/Tierbildarchiv Angermeyer (S. 38); P. Pretscher/Bonn (S. 52 oben); G. Quedens/ Norddorf-Amrum (S. 48 oben); Reinhard-Tierfoto/Heiligkreuzsteinach (S. 34, 40 alle Bilder, 48 unten, 49, 52 Mitte links); H. Schneider/Landau (S. 22 beide Bilder, 33 oben und unten).

CIP Die Deutsche Bibliothek – CIP-Einheitsaufnahme
Tiere am Teich / Eva-Maria Dreyer; Wolf U. Friedrich, Stuttgart: Franckh-Kosmos, 1993
(Der neue Kinder-Kosmos)
ISBN 3-440-06462-X

NE: Dreyer, Eva-Maria; Friedrich, Wolf U.

© 1993, Franckh-Kosmos Verlags-GmbH & Co., Stuttgart
Alle Rechte vorbehalten
ISBN: 3-440-06462-X
Lektorat: Almuth Sieben, Gisela Bauer
Printed in Italy / Imprimé en Italie
Layout: Jürgen Reichert, Stuttgart
Herstellung: Die Herstellung, Stuttgart
Satz: Utesch Satztechnik GmbH, Hamburg
Reproduktion: Master Image Ptl. Ltd., Singapur
Druck und Bindung: Printer Trento S.p.l., Trento